LE

FUTUR GOUVERNEMENT

DE

LA FRANCE

PA

ARMAND RAVELET

(Extrait du journal *le Monde.*)

PARIS
VICTOR PALMÉ, ÉDITEUR,
RUE DE GRENELLE, 13.

VERSAILLES
BEAU, ÉDITEUR,
RUE DE L'ORANGERIE, 36.

LE FUTUR GOUVERNEMENT

DE LA FRANCE

La France a en ce moment à choisir entre trois gouvernements : l'Empire, la République et la Royauté. Du choix qu'elle fera dépend sa restauration ou la consommation de sa ruine. Ces gouvernements ne sont point nouveaux pour elle : à plusieurs reprises déjà elle les a essayés ; elle connaît leurs principes, leurs œuvres, leurs hommes. Voyons donc ce que chacun d'eux a déjà fait, ce qu'il est, et ce qu'elle peut raisonnablement en attendre.

I.

Nous regrettons d'avoir à parler de l'Empereur qui est déchu et proscrit. S'il n'aspirait de nouveau à l'empire, nous ne le ferions pas et nous laisserions à l'histoire le soin de le juger. Mais par sa volonté même il reste dans la politique, au moins comme prétendant. Il veut rentrer encore une fois sur la scène pour rétablir sa dynastie ; c'est donc lui-même qui demande que le verdict sur son passé soit rendu immédiatement. Dès lors il ne s'agit plus d'un mort à juger, avec cette sérénité tranquille où nous laissent des faits qui ont pour jamais échappé à notre influence. Il s'agit d'un personnage vivant dont il faut soutenir ou combattre les projets, selon qu'on les estime salutaires ou funestes au pays. Les calmes appréciations de l'histoire et les combats de la polémique ne s'écrivent point de la même plume. Nous tâcherons seulement que la nôtre reste juste.

L'empire dépositaire du pouvoir absolu deux fois dans un siècle, à 50 ans de distance, a suivi les mêmes errements, commis les mêmes fautes et nous a conduits par les mêmes chemins aux mêmes ruines. Quand de pareils événements se renouvellent avec une telle périodicité et une telle similitude, on peut hautement affirmer qu'ils ne sont pas l'effet d'un accident, mais d'une loi, et il faut les considérer comme les fruits essentiels et inévitables des gouvernements qui les produisent. Ceux-ci, quelles que soient les années qui s'écoulent, ne peuvent rien apprendre ni se réformer en rien. Ils sont condamnés par le vice de leur naissance à tourner indéfiniment dans le même cercle, ou plutôt dans un cercle qui va toujours en se rétrécissant. Voilà comment l'histoire du second empire n'est que la copie effacée et amoindrie de l'histoire du premier : on n'y découvre point d'idées nouvelles. A l'extérieur, ce sont les mêmes guerres avec la gloire en moins : une guerre contre la Russie, heureuse mais stérile ; une guerre contre l'Autriche, dont tous les fruits sont pour une nation voisine et ennemie ; une guerre d'outre-mer, expédition d'Eygpte manquée, qui aboutit au désastre de Queretaro ; une guerre contre la Prusse qui, aux souvenirs d'Eylau, de

Friedland et d'Iena, ne peut opposer que Reichshoffen, Forbach et Sédan.

Vis-à-vis de l'Eglise la même similitude se peut remarquer. Napoléon Ier commence par rétablir la religion en France, et il finit par la frapper à Rome, en s'emparant des Etats pontificaux et en amenant le Pape prisonnier à Fontainebleau. Napoléon III ne s'empare pas du Pape, mais il le livre. Pendant 20 ans il le garde à Rome, mais de telle façon qu'on ne peut encore dire aujourd'hui si c'est pour le défendre ou pour l'empêcher d'être défendu par d'autres ; s'il est une sentinelle qui veille sur l'ennemi du dehors, ou le gendarme qui veille sur le prisonnier. Ce qui est certain, c'est que ceux qui voulaient avoir le prisonnier le reçoivent au moment opportun, et que, pendant 12 ans, ils l'ont attendu et n'ont pas un seul moment désespéré de l'obtenir.

Enfin à l'intérieur les deux empires ont recours aux mêmes procédés : une politique de compression déguisée sous l'amour des dépenses, les fêtes pour faire oublier le néant de la politique, les constructions fastueuses pour dissimuler l'absence d'administration véritable, le luxe pour masquer la misère.

Puis au dernier moment, comme expédient suprême, une liberté malsaine, dont les esprits sont désaccoutumés et qui ne fait que hâter la ruine.

Les résultats de la politique de l'Empire peuvent se résumer en deux lignes : il a fait l'Italie et la Prusse, il a défait la France ; il a organisé la Révolution, il a désorganisé l'Eglise.

L'unité italienne est sa première œuvre. La Révolution qui l'avait conçue n'aurait jamais eu la force de la mettre au monde. L'empereur, avec le sang et l'argent de la France, lui a donné la vie, et, aussitôt née, elle a dévoré la sécurité de la France, la paix, la liberté et l'honneur de l'Italie.

Le Piémont avait à plusieurs reprises essayé sa puissance qu'il n'avait pas trouvée à la hauteur de son ambition. Ses princes, s'ils voulaient obtenir les éloges de la postérité, en étaient réduits à faire de grandes choses sur un territoire restreint, et à rendre leurs sujets heureux sans conquêtes, ce qui avant eux avait réussi à d'autres, dans cette Italie même qu'ils dévoraient de leur convoitise. Dès qu'ils voulaient se mêler à la politique extérieure, leur rôle se bornait à être les sentinelles de la France en face de l'Autriche, et l'avant-garde de la civilisation latine contre l'invasion germanique. Cet état n'avait point été créé pour la France, mais contre elle au Congrès de Vienne. C'était bien le moins qu'elle continuât d'en profiter, et puisqu'elle se trouvait protégée de ce côté par une barrière de neutres, qu'elle ne la détruisît pas de ses propres mains pour se mettre en contact immédiat avec un rival ou un ennemi,

La guerre d'Italie, qui produisit ce résultat, fut donc une faute capitale, mais ce fut en même temps une faute inévitable. Il a été à peu près démontré qu'elle fut la rançon de l'empire et que Napoléon, qui avait à se faire pardonner le 2 décembre et sept ans d'ordre, devait, sous peine de mort, livrer à la Révolution, avec laquelle il avait jadis contracté une alliance indissoluble, un champ libre en Europe. En attendant la France, ce champ fut l'Italie.

D'ailleurs, au-dessus des alliances contractées par paroles, il y a des alliances plus profondes et plus solides, résultant de la solidarité des principes.

Napoléon, empereur par plébiscite, et toujours prêt à remettre l'empire aux voix, dès qu'il avait éprouvé quelques secousses, n'était autre chose que la volonté populaire couronnée. La Révolution ne proclame pas d'autres principes. Or, si les caprices de la foule sont l'unique mesure des droits politiques et la loi absolue des états, pourquoi en borner l'effet aux questions constitutionnelles et ne pas les étendre aux règlements de frontières. L'Italie pouvait donc l'invoquer aussi bien pour s'affranchir que Napoléon pour régner, et celui-ci, Italien par son origine, par ses sentiments, par ses amitiés, par son passé politique, devait à l'Italie aide et assistance. La guerre d'Italie est sortie de là. Comme l'empire, elle eut pour prétexte le rétablissement de l'ordre au delà des Alpes. Comme lui, elle eut pour résultat d'armer la Révolution et d'amener son triomphe.

Avec plus d'honnêteté ou plus de bon sens dans la politique, on eût évité cette faute. Avec plus de fermeté on en eût limité les effets.

Mais cette faute ne fut pas la seule : elle fut recommencée au delà du Rhin.

En Allemagne, l'Empereur avait à choisir entre deux politiques.

L'une, c'était de s'allier franchement avec la puissance catholique contre la puissance protestante, avec la puissance satisfaite contre la puissance ambitieuse, avec la puissance qui nous avait pardonné les victoires de l'empire, contre celle qui, malgré 1814, malgré 1815, nourrissait le dessein d'en prendre sa revanche dans la ruine même de la France, en un mot avec l'Autriche contre la Prusse. Il fallait juger l'ambition de celle-ci dont elle ne faisait pas mystère, et l'arrêter dès le début, étouffer le monstre dans son nid, dès qu'on aurait vu pousser ses ailes et poindre son désir de prendre son essor. Entre l'Autriche et la France l'alliance était naturelle. La réaliser eût été un acte de génie. C'eût été rompre avec les traditions surannées de Louis XIV et de Richelieu, et commencer une politique nouvelle, qui changeait la face de l'Europe. Est-ce que la maison d'Autriche était encore à craindre? Est-ce qu'une puissance embarrassée de la multiplicité de ses territoires et qui, après une courte campagne, nous avait si aisément cédé la riche province de Lombardie, pouvait menacer nos frontières qu'elle ne touchait même pas? Est-ce que l'unité allemande pouvait sortir de là, et le triomphe de l'Autriche pouvait-il aboutir sur l'Allemagne à autre chose qu'à une sorte de protectorat qui n'altérait point l'essence de la Confédération germanique et, sans être pour nous une menace, devait être une force de plus dans notre alliance? Alors on pouvait aisément contenir le panslavisme, relever la Pologne, résoudre la question d'Orient.

A côté de cette politique élevée, puissante, féconde, il y en avait une autre, plus étroite, dépourvue de grandeur mais non de profit, et qui pouvait aboutir à des agrandissements de territoire à la condition qu'on y demeurât fidèle. C'était de deviner les forces de la Prusse et de s'allier résolûment à elle pour la guerre à la charge de partager le butin. L'honneur n'eût pas été grand, mais on y gagnait au moins, comme dans la guerre d'Italie, une rectification de frontières.

L'empereur en conçut le dessein. Le premier, peut-être, il devina M. Bismarck et le poussa, comme il avait poussé

Cavour. La détente de l'ambition prussienne date des entrevues de Biarritz, comme l'essor de la politique italienne date des conversations de Plombières. Napoléon mit donc la Prusse en mouvement, mais il refusa de la suivre, puis il manifesta de la mauvaise humeur de ses triomphes, réclama après coup le prix d'un appui qu'il n'avait pas donné, chercha maladroitement une revanche et fournit ainsi à son habile adversaire tous les moyens de le discréditer, puis de le vaincre.

Napoléon est donc le premier auteur de l'unité allemande. L'Allemagne en avait le désir inconscient, mais son instinct ne se serait jamais manifesté que par des chansons. La Prusse en avait le désir réfléchi, mais elle ne se sentait pas l'audace de commencer seule cette grosse entreprise. Ce n'était pas seulement une province à conquérir, c'était toute la constitution de l'Europe à remanier, et le système des traités de 1815 à renverser. Ces traités, rédigés contre nous, étaient, par la grâce de Dieu plus que par la volonté des hommes, devenus notre sauvegarde. Les barrières créées pour nous contenir nous protégeaient. A l'est, à défaut du Rhin que nous n'avions pas, s'élevait le vaste échafaudage de la Confédération germanique, machine compliquée, impropre à l'attaque, puissante pour la défense, et qui, sans nous menacer directement, n'ayant aucun goût de conquête, nous protégeait au besoin contre la Russie, si elle songeait à s'avancer vers l'Occident. Nous devions donc veiller scrupuleusement à ce que la Confédération germanique ne fût point altérée dans son essence, ni surtout transformée en un empire conquérant qui voudrait ensuite s'arrondir à nos dépens. Or c'est là justement ce qu'a fait Napoléon. Poussé par un besoin de changement, qu'il prenait pour de la politique et qui n'était que de l'agitation, il voulut faire l'unité allemande, et s'adressa à la Prusse qui n'attendait qu'une occasion.

Bien plus, à défaut de la force dont elle n'avait pas besoin, il lui fournit le droit, droit nouveau, révolutionnaire, qu'en sa qualité de puissance d'ancien régime elle n'eût jamais inventé, et que Napoléon, au contraire, possédait à merveille. En effet, toutes ces maximes d'unité nationale, de frontières naturelles, d'agglomération par races, tout ce droit matérialiste, c'est l'empereur qui l'a découvert, ou tout au moins vulgarisé et introduit dans les rapports internationaux de l'Europe. Agent de la Révolution qui brise les patries et pulvérise tous les peuples, pour réduire les hommes à l'unité numérique et les enregimenter dans ses bataillons, à la façon des grands empires barbares de l'antiquité, il entreprit de couler l'Europe dans ce nouveau moule ; il ne tint aucun compte ni du respect des traités, ni des traditions historiques qui sont en quelque sorte l'âme des peuples. Toutes ces considérations, et d'autres plus élevées encore, furent foulées aux pieds en Italie. L'instrument avait réussi. L'empereur le prêta à M. de Bismark, qui s'en servit mieux que l'inventeur lui-même et imagina ensuite de le retourner contre lui.

Si au moins l'empire avait habilement ménagé la politique générale, il aurait trouvé des alliances autour de lui pour résister à cette puissance nouvelle qu'il avait si inconsidérément aidée à naître et à grandir.

Mais de qui pouvait-il espérer de sérieux appuis? Ses sympathies avouées pour la Révolution inspiraient la méfiance et la terreur à toutes les dynasties européennes : aucune d'elles ne se souciait de s'unir franchement à un homme qu'à tort ou à raison on accusait d'avoir causé le renversement des princes italiens, approuvé la destruction du royaume de Naples, connu la révolution espagnole, facilité la chute du pouvoir temporel. Il en était peut-être innocent. Mais ses intimités mystérieuses avec les agents de ces révolutions justifiaient tous les soupçons, et les revirements de sa politique exposaient ses plus intimes alliés à vivre dans de continuelles inquiétudes.

N'ayant que des relations de simple politesse, avec la Russie qu'il avait humiliée à Sébastopol, avec l'Autriche qu'il avait démembrée à Villa-Franca et abandonnée à Sadowa, avec l'Angleterre qui est résolue à ne plus se compromettre dans les affaires du continent, il n'en était pas mieux avec les républiques, et particulièrement avec les Etats-Unis, où l'on ne confond nullement la Révolution avec la liberté. Pendant la guerre de la sécession, il avait inutilement blessé cette fière république. Sans avoir la hardiesse de poursuivre jusqu'au bout son premier dessein, et d'amener son partage, par l'expédition du Mexique, il avait renouvelé ses inquiétudes, mais dans des conditions plus mauvaises, et cette fois sans avoir la force de créer le contre-poids qu'il désirait. Deux tentatives avortées qu'elle ne lui pardonna point.

Brouillé avec les grands Etats, il n'avait pas même la ressource de gagner l'amitié des petits, dont il aurait pu si aisément se déclarer le protecteur. Par ses théories politiques sur les agglomérations de races, il les alarmait pour leur propre existence. En 1861, dans l'affaire des duchés, il n'avait témoigné au Danemarck que de stériles sympathies et, dans une certaine mesure, donné raison aux prétentions allemandes. La Belgique tremblait pour elle-même. La Pologne, tant de fois déçue, n'espérait plus rien. Les petits Etats de l'Allemagne du Sud n'étaient pas sans inquiétudes pour leurs frontières. La Turquie avait plus d'une fois trouvé lourde une protection accompagnée de continuelles objurgations.

Voilà comment au jour du péril la France se trouva seule. Elle n'eut ni les secours, ni même les sympathies des autres puissances. Et il fallut que son gouvernement tombât et qu'elle descendît elle-même au fond de l'abîme pour exciter de nouveau la pitié. Cet isolement était le fruit de vingt ans d'empire.

La France, durant cette époque, fut-elle consolée par une bonne politique intérieure des mécomptes que la politique extérieure lui causa? Hélas! il n'en fut rien, et là encore elle fut victime de ses illusions. En 1852, tombant, après vingt ans de luttes parlementaires et deux ans de discordes civiles sous la main d'un pouvoir qui devait, pour la nécessité même de sa propre défense, assurer la tranquillité matérielle, elle lui a très-gratuitement reporté l'honneur du repos dont elle a joui. Ce repos était la compression, ce n'était pas l'ordre; de même que plus tard nous eûmes la licence, sans avoir connu la liberté.

Les troubles de 1848 n'avaient pas été assez graves pour atteindre les sources de la fortune nationale, et celle-ci, la révolution terminée, reprit son cours naturel, ni plus ni moins rapide que chez les nations voisines. L'empire passa pour l'avoir créée. Il n'avait eu que le mérite facile de venir au moment de la moisson; car, loin de créer, il dissipa au contraire avec une prodigalité insensée la richesse publique, au fur et à mesure qu'elle se produisait.

Là encore il subit la fatalité de son origine. Les gouvernements issus d'une révolution sont condamnés à de terribles expédients pour durer.

Le flot qui les apporte peut toujours les remporter. En proclamant la légitimité du mandat qui les fonde, ils proclament la légitimité perpétuelle du coup qui les renversera, car le mandat est toujours révocable et sans autre raison que le caprice du mandant. Pour éloigner des révolutions nouvelles, ils n'ont donc d'autres ressources que d'en distraire le peuple, en l'amusant ou en l'étonnant.

Le premier procédé fut celui des césars romains. Les césars français employèrent le second. Voilà comment leur gouvernement fut un gouvernement de coups de théâtre et de coups d'état.

L'appareil fastueux du second empire n'a pas d'autre cause. Le luxe qui est quelquefois une passion des monarchies de vieille date est presque un besoin pour les monarchies parvenues. Elles remplacent ainsi la majesté absente, et n'ayant pas assez vécu pour illustrer leur blason, elles le dorent. Ce ne sont partout que palais, théâtres, statues, monuments de toute sorte, pour tromper l'œil du public, qui prolonge la durée du règne par la perspective de ses bâtisses, n'imaginant pas que tant de folies soient l'œuvre d'un seul homme.

Qui a fait le total des dépenses inutiles du second empire? Pour combien de milliards compte dans le dette actuelle de la France ce Paris que la Prusse attirée par l'empire a déjà mutilé, et que la Révolution tant de fois caressée par le même gouvernement a achevé de détruire.

Le signal fut donné à Paris. Toute la France le suivit. Le vertige gagna toutes les villes l'une après l'autre. Lyon,

Marseille, Bordeaux, jetèrent à l'envi les millions dans leurs rues, terre inculte s'il en fût.

Le moindre département voulut un palais pour son administrateur afin de bien convaincre le monde que tout ce qui touchait à l'empire dépassait l'humaine stature, et qu'un préfet devait être mieux logé qu'un président des Etats-Unis. On dépensa ainsi toutes les réserves du passé, les espérances de l'avenir. Départements et villes s'endettèrent jusqu'à la 2e génération, ne gardant rien pour les fléaux qui pouvaient survenir, pour la guerre qui était si proche.

On travaillait avec fièvre, sans relâche, le jour et la nuit, semaine et dimanche. Aux plus grands jours de fête, la loi du repos ne trouvait pas grâce devant ces insensés qui se hâtaient, comme s'ils avaient pressenti la courte durée de leur règne. Puis, quand tout fut terminé, l'empire tomba, et ces inutiles constructions ne servent plus qu'à loger la misère.

Le goût de la dépense ne s'arrêta point aux bâtiments. Voyages des souverains, fêtes de la cour, subventions aux parents, cadeaux aux maîtresses, la fortune de la France s'écoulait de toutes parts. Il n'était pas jusqu'à l'armée elle-même qui, par amour de la prodigalité, ne fût soumise aux lois de la mode. Vingt fois en vingt ans on recoupa les uniformes, on changea les képis, on remplaça les broderies et les aigrettes.

Puis comme les budgets grossissaient, on mit en circulation les fausses maximes économiques pour empêcher les murmures. On persuada au peuple que le luxe des souverains payé par lui fait sa fortune et que, fût-on contraint d'emprunter, l'emprunt, prouvant le crédit, prouve la richesse.

On fit tant et si bien que les particuliers voyant l'État

se ruiner s'habituèrent à se ruiner eux-mêmes. L'empire imprima à toute la nation un amour immodéré de la dépense, et par conséquent un désir effréné du gain. Chacun rêva les fortunes faciles et rechercha dans les affaires le jeu qui en est le plus court chemin. La conscience trop pressée devint moins attentive, le sens moral baissa, et le luxe produisit son effet habituel, il corrompit.

Les travaux exagérés des villes avaient amené un autre résultat qui est lié intimement à l'histoire de l'empire et même à sa chute.

L'appât des gros salaires avait attiré les ouvriers des campagnes, deracinés ainsi du sol qui leur conservait la santé de l'âme et du corps. Ils s'entassaient dans les grandes cités, à Lyon, à Paris, livrés aux corruptions de la presse, à l'embauchage des sociétés secrètes. L'empereur, révolutionnaire par tempérament, ne s'effraya pas trop de cette armée, dont il comptait rester le chef, et se servir au besoin contre la bourgeoisie, si celle-ci, frondeuse de sa nature, lui faisait une opposition trop déplaisante. Il flatta les ouvriers, s'occupa constamment de leurs besoins, les combla d'argent, de lois, de droits; ils prirent tout sans lui en savoir gré, se servirent de leurs droits pour le combattre et de ses lois pour s'organiser contre lui, tandis que les paysans troublés dans leurs intérêts par l'augmentation de l'impôt et la cherté de la main-d'œuvre lui demeuraient plus fidèles. Tous ses calculs étaient trompés et, en définitive, la constitution économique de la France était bouleversée ; l'élément rural qui est toujours conservateur sentait diminuer sa prépondérance sur l'élément révolutionnaire des villes.

Pour surveiller et contenir l'élément révolutionnaire, restaient les fonctionnaires plus nombreux en France que partout ailleurs, plus nombreux sous l'empire que sous tout autre gouvernement. La maladie du fonctionnarisme date de loin ; l'ancien régime n'en était point exempt. Les gouvernements issus de la Révolution l'étendirent, l'empire surtout l'aggrava. Comme tous les pouvoirs mal affermis, il tenait à multiplier le nombre de ses défenseurs et à regagner en surface ce qui lui manquait en profondeur.

Il n'en fut pas mieux servi. Aux jours de prospérité, tout le monde le trompait ; aux jours de revers tout le monde l'abandonna. La guerre montra ce que valent ces administrations serviles, mais non fidèles, minutieuses et distraites, qui arrêtent les centimes et laissent passer les millions, s'alarment pour un clou qu'on déplace et voient arriver la ruine sans la signaler. L'empereur avait des ambassadeurs et il ne fut renseigné, ni sur les forces de la Prusse, ni sur les dispositions de l'Allemagne, ni sur les intentions de l'Europe. Il avait des ministres et il ne put connaître ni l'état de ses arsenaux ni le nombre de ses soldats. Il tomba et les populations, dont on lui vantait l'attachement, acceptèrent la république sans mot dire, et les fonctionnaires qui l'avaient renseigné passèrent au service du gouvernement nouveau, à l'exception de ceux que ce gouvernement ne voulut pas garder. Ainsi, tout ce personnel nombreux et coûteux qu'il avait si minutieusement choisi, formé, attaché par tous les avantages et toutes les faveurs, ne prévit rien, n'empêcha rien, et ne put, au moment du péril, défendre ni son maître ni son pays.

L'empereur a organisé la Révolution, il a désorganisé l'Eglise.

Lui-même, au début de son règne, définissait sa mission

en disant qu'il mettrait l'ordre dans la Révolution. Et, en effet, il lui a donné des lois, des instruments, des armes et jusqu'à des rois pour lieutenants. Que l'on compare ce qu'elle était en 1851, ce qu'elle est aujourd'hui, 20 ans après, et qu'on détermine ce qui, dans ses accroissements successifs, a été l'œuvre de l'empire.

L'empereur n'a-t-il pas maintes fois proclamé la souveraineté de l'opinion, la légitimité de tous les mouvements populaires? N'a-t-il pas fait reposer son pouvoir sur cette base fragile? N'a-t-il pas voulu réorganiser d'après les mêmes principes tous les états sur lesquels il avait quelque crédit et fatigué de ses conseils jusqu'à l'Eglise et le souverain Pontife? N'a-t-il pas brisé le vieux droit qui régissait les rapports des peuples, pour y substituer un droit nouveau, d'essence révolutionnaire, qui eût amené, s'il avait pénétré partout, la chute des dynasties et bouleversé la carte de l'Europe.

A cette Révolution, qu'il établissait sur des fondements si solides, il donnait ensuite des instruments. La presse était le premier.

La presse, au début de l'empire, fut comprimée, mais d'un côté seulement.

L'empire était surtout conservateur de lui-même; dès qu'il n'était plus en jeu, la liberté ne lui déplaisait pas, ni même la licence. Une barrière sévèrement gardée le protégeait contre les attaques des journaux. Partout ailleurs ils avaient le champ libre, pourvu qu'ils n'allassent pas jusqu'au scandale.

Les athées même étaient en honneur. Renan était appelé à une chaire du Collége de France d'où l'opinion publique le forçait à descendre. Ste-Beuve écrivait au *Journal offi-*

ciel. About publiait la question romaine. Le prince Napoléon attaquait l'Eglise au Sénat. Les quatre amis, hôtes du vendredi saint, n'en partageaient pas moins les faveurs du maître. Car si c'était un crime d'attaquer César, il était permis d'attaquer Dieu, son Eglise, son Vicaire, ses ministres, pourvu que la forme sauvât le fond. On disait même que César, *incognito*, ne dédaignait pas quelquefois de donner la note. On se souvient des clameurs qui s'élevèrent dans la presse au sujet du petit Mortara, l'affaire fut mise en comédie et l'auteur passa pour avoir reçu de hautes inspirations.

Mais si les journaux pouvaient livrer à l'Eglise toutes sortes d'attaques, il ne leur était pas toujours permis de reproduire ses propres actes. Quelques-uns furent supprimés pour avoir publié l'encyclique ; des évêques furent déclarés d'abus pour en avoir donné lecture aux fidèles. De même, il y a quelques mois, on discuta gravement si l'on ne soumettrait pas à la censure préalable les actes du concile du Vatican. C'est du côté de l'Eglise que le gouvernement voyait le danger.

Aussi, en 1861, lorsque Pie IX effrayé des doctrines subversives qui se répandaient partout et des tempêtes qu'elles allaient attirer sur l'Europe fit rédiger le *Syllabus*, dont on commence maintenant à reconnaître la sagesse, le gouvernement en fut le grand adversaire. Il en eût volontiers arrêté la publication. Il l'attaqua dans ses journaux, à la tribune, en fit l'objet de représentations diplomatiques. Etait-il menacé par l'enseignement catholique? au contraire, il était défendu, mais la Révolution, son alliée, était atteinte, et toute attaque contre celle-ci lui semblait un coup porté à son principe.

La loi des coalitions, ce grand instrument de l'Internationale, la loi des réunions publiques, forme légale des clubs, sont des dons de l'empire. Le droit de coalition était concédé, le droit d'association au contraire était retenu. L'un était une liberté révolutionnaire, l'autre une liberté catholique. Celle-ci était mise sous le sequestre. Et encore ne l'était-elle que pour les catholiques. La franc-maçonnerie était autorisée, la société de Saint-Vincent-de-Paul était dissoute.

Nous n'en finirions pas si nous voulions énumérer toutes les libertés véritables qui furent soigneusement retenues par un gouvernement qui laissait à la Révolution tant de licence que lui-même finit par y succomber. C'était la liberté de la propriété restreinte en la personne du chef de famille qui ne pouvait pas disposer de son bien, la liberté d'association refusée surtout aux congrégations religieuses, la liberté d'enseignement interdite, excepté pour la presse, la grande corruptrice du peuple, la liberté du mariage compromise par la subordination du mariage religieux au mariage civil, la liberté de la charité entravée par la nécessité d'une autorisation pour les dons et legs charitables ou religieux, enfin par-dessus tout la liberté de l'Eglise garrottée par les articles organiques.

Beaucoup de ces lois remontent au premier empire. Mais Napoléon III qui sur tant de points ne se fit pas faute de répudier les traditions impériales, conserva ce dépôt d'entraves qu'il considérait comme le palladium de sa dynastie. Lui-même les essaya, les réglementa, les compléta, et par conséquent il ne peut en decliner la responsabilité.

Enfin, pour compléter son œuvre révolutionnaire, il voulait bouleverser l'Europe, constituer des peuples nouveaux, renverser les gouvernements d'ancien régime et, à leur place, en établir d'autres d'une même origine que la sienne. L'Italie fut le premier essai, et son émancipation n'eut pas d'autre but que de créer une puissance révolutionnaire qui put ensuite aider à l'émancipation des autres.

Pendant qu'il favorisait ainsi la Révolution, l'empereur portait ou laissait porter à l'Eglise des coups funestes qui ont amené son humiliation et eussent amené sa ruine, si elle n'eût été préservée par un pouvoir supérieur contre les trahisons de la politique humaine.

Nous n'entreprendrons pas de déterminer la part de responsabilité qui revient à chacun dans les attentats dont l'Italie s'est rendue coupable envers le Saint-Siége, ni de refaire l'histoire ténébreuse de notre diplomatie durant cette époque. Le gouvernement jouait double jeu, l'un pour ménager les catholiques, l'autre pour contenter l'Italie; mais celle-ci seule eut sujet d'être satisfaite.

Dans ces fameux entretiens de Plombières, entre M. de Cavour et l'empereur, et d'où date l'essor nouveau de la politique italienne, a-t-il été fait mention du pouvoir temporel? Ou cette question, plus grande que la fortune même de l'Italie, puisqu'elle intéresse le monde entier, a-t-elle été oubliée par les deux interlocuteurs comme un incident peu digne d'occuper leur attention?

Lorsqu'à la suite des victoires remportées sur l'Autriche, la révolution envahit les duchés, Napoléon n'eut-il-point la pensée que le même flot s'étendrait aux possessions du Souverain-Pontife, et prit-il la résolution de n'y apporter d'autre obstacle que d'inutiles protestations?

Quant à la vue des dangers que courait le Souverain-Pontife, la jeunesse catholique de tous les pays se croisa et prit les armes pour aller mourir héroïquement sur le champ de Castelfidardo, le gouvernement français, qui rappelait durement aux jeunes français les peines prononcées par le code pénal contre ceux qui vont servir à l'étranger, gardait-il une impartialité véritable, et l'ambassadeur de France oûtrepassait-il ses instructions, quand il montrait tant de bienveillance pour les envahisseurs, tant de dédain pour les défenseurs du Souverain-Pontife?

Est-il vrai que le général Cialdini ait demandé alors une autorisation à Paris, et qu'il lui ait été répondu : « Allez et faites vite. »

Lorsque la convention de septembre fut signée, l'empereur, d'ordinaire si méfiant, crut-il sérieusement à la parole de l'Italie qui avait tant de fois violé ses serments, et les avait, du haut de la tribune à Florence, expliqués de telle façon qu'ils n'avaient plus de valeur ?

Enfin, l'année dernière, lorsque nos troupes furent définitivement rappelées, avait-on vraiment besoin de leur concours en France, ou ne saisit-on pas avec empressement cette occasion de mettre fin à une occupation que l'on considérait comme un embarras, et de prendre une revanche de cette définition de l'infaillibilité que le gouvernement considérait comme une défaite, parce qu'il avait fait la sottise de se mêler du différend ?

Toutes ces questions nous les posons, parce qu'elles ont été posées publiquement par tous, et qu'aucune d'elles jusqu'ici n'a été résolue. Mais cette obscurité même qui les enveloppe prouve que le gouvernement suivit une politique équivoque, et, s'il ne commit pas lui-même le mal, il le prévit, le permit, et l'amnistia.

A ces innombrables complaisances pour l'Italie on oppose

quelques discours de M. Rouher, le retour des troupes françaises à Rome, la bataille de Mentana et le maintien de l'occupation jusqu'à la guerre.

Nous n'oublions pas ces faits ; mais ces contradictions de la politique impériale ne sont pas une cause d'excuse, car elles prouvent que si le gouvernement n'était pas fidèle à sa mission, ce n'était pas faute de la comprendre. Il y revenait de temps en temps, soit par scrupule, soit pour retrouver un point d'appui auprès des catholiques toujours prompts à croire. Mais en somme, le résultat dernier fut l'abandon, puis après l'abandon, la chute du pouvoir temporel ; de sorte que le gouvernement français est à la fois coupable d'avoir créé le danger qui était l'Italie, et retiré la sauvegarde qui était le drapeau de la France.

Ces résultats de l'empire sont tellement visibles que ses défenseurs ne peuvent en nier l'existence, ni en dissimuler la gravité. Ils se bornent à plaider les circonstances atténuantes. Ce qu'il y a de bon dans la politique impériale est l'œuvre de l'empereur, ce qu'il y a de mauvais est la faute de ceux qui l'entouraient. Il était trompé par les uns, entraîné par les autres ; sur quelques points il s'est trompé lui-même. Si les résultats ont été déplorables, les intentions étaient excellentes, mais il faut passer même aux souverains un minimun d'erreur. D'ailleurs les questions que nous tranchons ne seraient pas mûres ; dans le dossier impérial il y aurait des documents inconnus qu'on nous révélera au moment opportun et qui déplaceraient la responsabilité. Enfin l'empereur aurait été corrigé.

Tel est sous des formes différentes qui varient suivant le caractère, le tempérament, le talent des avocats, le thème habituel de leurs plaidoyers.

S'il s'agissait de prononcer sur le règne de l'empereur un jugement définitif et de peser dans la balance de la stricte justice ses mérites et ses fautes, on pourrait hésiter. L'histoire le fera, plus tard, quand les hommes seront morts, que leurs passions seront éteintes, leurs secrets révélés, et que les conséquences extrêmes de leurs actes auront eu le temps de se produire.

Tout autre est notre devoir. Nous sommes dans le domaine de la politique et non dans celui de l'histoire. Nous n'avons pas le temps d'attendre, puisque nous devons choisir un gouvernement pour demain. La justice ne suffit plus, il faut encore la prudence.

Pour condamner un homme la certitude est nécessaire. Pour ne pas lui confier un emploi, le doute suffit.

Les défenseurs de l'empire, eussent-ils prouvé tout ce qu'ils avancent, n'auraient rien gagné pour leur cause, rien ôté à la puissance de nos arguments.

Si l'empereur a été trompé, c'est qu'il a manqué de clairvoyance ; s'il a été entraîné, c'est qu'il a manqué de fermeté, graves défauts pour un souverain et qui équivalent à un aveu d'incapacité. S'il porte la peine des fautes de ceux qui l'entouraient, c'est que lui-même s'en est déclaré responsable, et que rejetant fièrement l'institution de la responsabilité ministérielle, comme une sauvegarde inutile, il s'est déclaré toujours prêt à répondre devant le pays de tout ce que ferait le gouvernement. La parole des souverains est faite pour être prise au sérieux. Ils ne peuvent pas la jeter au vent pour tromper la foule, puis la répudier dès que le temps est venu de l'accomplir.

On dit que l'empereur, corrigé par les événements, se garderait de commettre une seconde fois les fautes qui l'ont déjà perdu. Il n'a jamais été pacifique, ni économe, ni conservateur, ni fermement catholique. Mais, touché de la grâce, il se serait subitement converti et transformé. Ce que ne lui ont appris ni toute une vie d'études solitaires, ni la longue prison de Ham, ni dix-huit ans de règne, quelques mois d'exil le lui auraient enseigné pour toujours, et la chute épouvantable du 4 septembre, au lieu de l'étourdir, aurait suffi pour remettre l'ordre dans ses idées, la fermeté dans son caractère, et pour lui faire acquérir les vertus politiques qui lui ont manqué.

Si l'on essayait par de pareilles raisons de nous faire reprendre un intendant congédié, nous resterions fort insensible, et nous regarderions la tentative comme une plaisanterie. Un maître se considère généralement comme éclairé sur les gens qu'il emploie, après dix-huit années d'expérience, et les mesures qu'il prend à leur égard sont définitives. Pourquoi serions-nous plus imprudents pour la conduite des affaires publiques que pour la conduite des nôtres, et nous exposerions-nous à des risques que nous éviterions soigneusement s'il s'agissait de notre fortune privée ?

L'empereur est vieux, fatigué, dégoûté des choses et des hommes. La politique, qui l'a cahoté à travers des fortunes si contraires, a commencé d'user en lui les ressources de la vie ; d'autres causes l'ont achevé. L'eau et le feu alternant viennent vite à bout de l'acier le mieux trempé. L'empereur passait, durant les dernières années de son règne, pour n'avoir plus autant de netteté dans l'intelligence, de décision dans la volonté. Le public même, qui ne voit guère, s'en était aperçu. Il murmurait que la taciturnité impériale, qui jadis avait masqué tant de vastes conceptions et de résolutions hardies, ne couvrait plus rien. La profondeur d'autrefois était devenue le vide. La chute de Sedan et les soucis rongeurs de Villelmshœhe n'auront certainement pas rendu à cette organisation surmenée sa vigueur et sa jeunesse. Politiquement, c'est un instrument brisé, qui ne peut plus rendre aucun service.

A défaut de l'empereur, restent l'impératrice et son fils. Ainsi le poids écrasant de la France à refaire serait remis aux mains débiles d'une femme et d'un enfant. L'impératrice peut avoir toutes les vertus domestiques ; la calomnie n'a pu flétrir sa vie privée ; elle a été honnête femme, mère dévouée ; mais ce n'est point assez pour une tâche à laquelle Blanche de Castille elle-même n'eût pas suffi.

Du prince impérial, il n'y a rien à dire. Jusqu'aux mots qu'on lui prête, tout s'est trouvé de mesure ordinaire, et quel que soit son avenir, il n'a rien révélé du génie précoce qui pourrait faire de lui le sauveur de la France. D'ailleurs la France n'a jamais été heureuse durant l'enfance de ses princes. Son tempérament exige chez ceux qui la conduisent une main virile qui ait la douceur et la force que l'âge seul peut donner.

Enfin l'empire rétabli ne serait pas libre. Sa politique resterait engagée, son budget surchargé, son administration encombrée par les hommes du passé, et malgré ses bonnes intentions, il pourrait, beaucoup moins qu'un autre gouvernement, tirer la France des inextricables embarras dans lesquels il l'a plongée.

Ayant fait perdre à la France deux provinces, il aurait à cœur de les recouvrer promptement par la ruse ou par les armes, et il se lancerait dans de nouvelles aventures. Ce ne serait pas seulement de sa part une nécessité d'intérêt public, mais une question d'intérêt dynastique. Les souvenirs de Sedan pèseraient sur la dynastie jusqu'à ce qu'elle en eût lavé la honte et ses ministres n'oseraient affronter la tribune, tant qu'on n'aurait pas effacé dans une auréole de gloire militaire les taches de la campagne de France.

Ainsi la guerre du Mexique fut entreprise pour effacer les déceptions de la guerre d'Italie; la guerre contre la Prusse eut pour but de réparer le discrédit dans lequel la guerre du Mexique avait fait tomber l'aigle impériale. Les fautes appellent les fautes.

Un gouvernement nouveau pourra seul porter les conséquences d'une pareille guerre. Ne l'ayant ni commencée, ni terminée, il attendra paisiblement que la Providence lui fournisse les moyens de rendre à la France son rang en Europe. Il n'aura pas besoin de devancer les temps et ne nous exposera pas à de nouveaux malheurs.

Enfin, avec l'empire la tradition révolutionnaire ne sera jamais répudiée, car elle est représentée dans la famille impériale par un personnage, mauvais génie de la maison, qui deviendra d'autant plus influent que la volonté dirigeante sera plus faible.

En résumé, nous avons fait de la dynastie bonapartiste deux essais en soixante ans, et on a vu ce qu'ils ont produit.

L'expérience du second empire a duré 18 ans : à quoi a-t-elle abouti ? L'empereur a voulu étendre le territoire de la France, il l'a fait diminuer de deux provinces. Il a voulu restaurer son crédit, et l'a, par l'excès de ses dépenses, grevé d'une dette énorme, qu'une guerre maladroite engagée par lui a doublée. Il a prétendu donner une impulsion nouvelle à son commerce et lui a porté un coup funeste. Il l'a isolée en Europe et l'a laissée sans amis et sans alliés. Il a voulu organiser les classes ouvrières et a laissé grandir les sociétés secrètes qui, après la guerre étrangère, ont allumé chez nous la guerre civile; il a voulu réconcilier l'Eglise et la liberté qui n'étaient point ennemies, et il a laissé l'Eglise à terre et la liberté compromise pour un siècle. Sous son règne, l'impiété a eu la libre carrière, la presse n'a plus connu de pudeur, la nation s'est ruinée par le luxe, l'esprit public s'est abaissé, et la France a été mise à deux doigts de sa ruine. Nous trouvons l'expérience suffisante et nous ne voulons plus la recommencer, parce que, cette fois, la France pourrait y périr.

II

La république a succédé à l'empire, elle l'a fait regretter; car elle a suivi les mêmes principes, en les exagérant, commis les mêmes fautes aggravées, et nous a conduits aux mêmes malheurs transformés par elle en désastres.

Bien plus que l'empire, elle a été l'ennemie de la liberté.

L'empire avait édicté quelques lois restrictives de la presse. La république du 4 septembre, sans loi ni droit, suspendit, dans les départements, les journaux qui avaient le malheur de la critiquer ou de lui déplaire, et la commune, une autre forme de république, les a supprimés tous à Paris.

L'empire avait, autant que possible, introduit ses partisans dans le sein des conseils généraux, en les faisant passer par la porte légale du suffrage universel, un peu forcée. La république du 4 septembre, d'un trait de plume, dissout tous les conseils départementaux. En maints départements, elle supprime de la même façon tous les conseils municipaux, et les remplace par des commissions administratives de son choix.

L'empire avait été accusé de peser quelquefois par la faveur sur la conscience des magistrats. La république brise leur inamovibilité, sauvegarde de leur indépendance, et révoque des juges pour des actes commis par eux vingt ans auparavant dans l'exercice de leurs fonctions.

L'empire avait souvent tenu peu de compte du mérite dans la distribution des places. La république donne lieu à une effroyable curée. Tous les amis, toutes les créatures de ses chefs se précipitent sur les fonctions publiques, sans titre, sans études, sans talent, au mépris de toute loi hiérarchique, sautant d'une carrière dans une autre, toujours au sommet, si la première place obtenue vient à leur déplaire. Ici, on voit un journaliste devenir préfet, puis général de division, aussi impropre à une fonction qu'à l'autre. Là, c'est un commerçant embarrassé qu'on met à la tête d'un département et qui profite de sa situation pour en devenir le fournisseur et rétablir ses affaires. Ces scandales ont diminué, le népotisme n'a point cessé. Le ministère actuel a eu, comme l'autre, sa pluie de préfets, nommés pour la plupart sans s'occuper des préférences des populations.

L'empire avait, au grand scandale de l'opposition, pratiqué le système des candidatures officielles. Des républicains inventèrent le système des incapacités politiques fondées sur la présomption d'attachement au régime antérieur, et, au lieu de combattre les candidats qui leur étaient hostiles, ils imaginèrent, au moment des élections, de les faire mettre en prison.

L'empire avait soustrait un certain nombre de ses actes à la discussion. La république du 4 septembre fut un gouvernement tout à fait occulte. sans garantie, ni contrôle. Sous le gouvernement actuel, qui a pour ministres les chefs de l'ancienne opposition, et pour président un vieux parlementaire, nous n'avons pas même la liberté la plus élémentaire des gouvernements constitutionnels. Le gouvernement n'entend ni donner la moindre explication sur ses intentions, ni subir la plus légère critique de ses actes. La chambre doit être muette, sinon il se fâche, lui met le marché à la main, et les républicains d'applaudir.

L'empire enfin s'est établi par un coup d'Etat, mais il s'est fait ratifier par un plébiscite. La république s'est établie par une surprise, mais elle ne s'est fait ratifier par personne. Elle a toujours fui l'épreuve du scrutin, sachant bien qu'elle en sortirait condamnée. Le pays, consulté à propos de la paix, a répondu à une question qu'on ne lui posait pas, et nommé des députés monarchiques. Les républicains ont fait la sourde oreille; ils attendent une heure plus propice. La pâte électorale, bien travaillée, finira peut-être par lever pour eux. Ils recourront alors au suffrage universel, sinon ils sont résolus à s'en passer.

Ils ont une théorie prête et déjà mise en circulation. Ils disent que la question est résolue. Mais quand, par qui et sous quelle forme, la France qui avait seule le droit de répondre, a-t-elle été consultée?

Est-ce au 4 septembre? Mais chacun sait que les hommes du 4 septembre se sont présentés comme un gouvernement provisoire, exclusivement chargé de la défense nationale. Si le mot de république s'est furtivement glissé dans leur programme, sans soulever d'objections, c'est que les monarchistes, plus patriotes que leurs adversaires, n'ont pas voulu allumer la guerre civile quand l'ennemi était en France ; mais il a été expressément convenu que la question était réservée.

Est-ce depuis le 4 septembre ? Mais les hommes du gouvernement ont systématiquement évité de consulter le pays, soit sur leurs personnes, soit sur leurs actes. Il a fallu qu'au dernier moment la Prusse exigeât des élections pour qu'ils y consentissent, tant ils avaient peur que la république n'y fût compromise.

Est-ce après l'armistice ? Mais l'Assemblée, avec une prudence excessive, a éloigné jusqu'ici cette discussion capitale.

Donc, il n'est pas vrai de dire que la question a été résolue ; elle n'a pas même été posée. Les républicains ont inventé pour les besoins de leur situation présente, une sorte de droit divin à l'envers, une légitimité républicaine, dont ils ne peuvent dire ni les principes, ni la raison, mais qu'ils mettent au-dessus des volontés du peuple et du salut même de la patrie.

Si la république n'est pas consacrée par la volonté expresse ou implicite de la nation, est-elle au moins recommandée par les services qu'elle a rendus, par les hommes qui la patronnent et par les principes qui la constituent.

Quels sont ses services ? Si nous devons à l'empire le malheur et la honte de Sedan, nous devons à la république les effroyables désastres qui ont suivi. Quand la république a été proclamée, la France avait toute sa vigueur : Metz était intact, Strasbourg tenait encore, aucune de nos places fortes n'avait ouvert ses portes à l'ennemi. Le Prussien foulait le sol, mais il n'y avait pas pris racine, et il n'avait pu sérieusement avoir la pensée de démembrer la France. Loin de là, il était prêt à traiter avec l'empereur captif e à se retirer, et ses conditions dures pour notre orgueil eussent laissé notre puissance debout. Il fallait charger ceux qui avaient déclaré la guerre du soin de la terminer. On eût après cela réglé les comptes de l'empire. Sa chute était certaine ; mais l'on eût procédé à son remplacement avec dignité et l'on se fût épargné la honte de faire une révolution devant l'ennemi.

Les républicains n'ont pas même eu le patriotisme facile d'attendre quelques jours. Ils ont voulu établir de suite le gouvernement de leurs préférences, sans se demander si ce hâtif changement ne rendrait pas la Prusse plus exigeante, la France plus faible. Que leur importait ? Ne leur suffirait-il pas de se montrer pour vaincre, et n'étaient-ils pas tous diplomates, administrateurs, stratégistes, hommes de guerre, hommes d'Etat, par la seule vertu de leurs convictions. On sait où cette présomption nous a conduits.

Après la guerre étrangère, ils ont laissé s'allumer le feu de la guerre civile. Au 4 septembre ils avaient enseigné à la population parisienne le moyen de culbuter un gouvernement. Il était naturel qu'elle profitât de la leçon, ce qu'elle voulut faire au 31 octobre.

Le coup manqua. Il fallait au moins, puisque le gouvernement nouveau était devenu l'ordre, qu'il remplît les devoirs attachés à sa mission, et qu'il désarmât les perturbateurs. Mais quel moyen de sévir contre des adversaires qui n'étaient que d'anciens complices ? On se contenta de les avertir et on les laissa libres.

La paix fut faite. La besogne que le gouvernement n'avait pas voulu remplir, les Prussiens s'en chargèrent. Ils demandèrent le désarmement de la garde nationale, offrant de l'effectuer. Le gouvernement encore refusa. Comment faire au pouvoir dont il était sorti un pareil outrage. On laissa aux gardes nationaux les fusils qu'ils avaient ! On leur abandonna les canons qu'ils n'avaient point, les remparts et les forts qu'on occupait. Peu s'en fallut que le Mont-Valérien, la clef de Paris, ne leur fût ouvert ! Mais Paris tout entier leur fut livré, puis alors on vit clair, et maintenant il a fallu le détruire pour le reprendre.

Est-ce que ces faits ne sont pas la preuve d'un incurable aveuglement, d'une impardonnable faiblesse, d'une complète inaptitude à gouverner ?

L'histoire sera sévère pour les hommes du 4 septembre. Si le pays leur avait imposé malgré eux un fardeau trop lourd, ils seraient excusables d'avoir plié sous le faix. Mais ce sont eux-mêmes qui ont brigué le gouvernement, ou plutôt qui l'ont escamoté ; ils n'ont fait la révolution que pour cela. Ils se sont glissés au pouvoir hâtivement, furtivement ; puis ils ont relevé la tête, repoussé dédaigneusement le concours que le reste de la Chambre venait leur offrir et ont refusé de faire ratifier leur mandat par le pays.

Il leur sied bien aujourd'hui de venir se frapper la poitrine et proclamer du haut de la tribune qu'ils se sont trompés, c'est-à-dire qu'ils n'étaient point capables. De pareilles erreurs sont des crimes, et le pays a droit de demander compte des hontes qu'on lui a fait subir et des larmes qu'on lui a fait verser.

C'est parce que tels sont les républicains que la France ne veut pas de la république : dans tout républicain qui sollicite ses suffrages, elle voit toujours poindre le dictateur. Tous veulent gouverner, aucun ne consent à obéir. Nos républicains ont le goût du pouvoir et n'ont pas l'amour de la liberté. A peine la connaissent-ils. Ils ne savent pas que c'est le droit de faire soi-même ses affaires et n'y cherchent qu'un moyen de s'ingérer dans celles d'autrui et de lui imposer leurs idées. Ils passent leur temps à convoiter les droits qui leur manquent sans user de ceux qu'ils ont. Les libertés qu'ils conquièrent, ils en font des armes de combat et non des instruments de travail. Ils n'en exercent que la puissance négative et destructive. Inférieurs, ils ne respectent ni le gouvernement ni la loi. Supérieurs, ils n'ont aucun égard pour les vœux et les droits de leurs inférieurs. Sous tous les régimes ils seront de l'opposition, non de cette opposition loyale, qui par sa résistance éclaire le pouvoir qu'elle combat, mais de cette opposition implacable qui dénigre systématiquement le gouvernement pour le supplanter. Devenus gouvernants à leur tour, ils ont d'autres défauts, d'autres vices, et la France s'aperçoit qu'elle n'a fait que changer de maux.

Nous n'avons ni les traditions, ni les mœurs républicaines; nous ne sommes même pas dans les conditions matérielles dont les républiques ont besoin.

« Jusqu'ici le gouvernement républicain, écrivait M. le duc de Broglie, l'ancien, n'a réussi qu'aux petits états. Il convient à leurs mœurs simples, à leur modeste ambition. Il leur est facile et naturel. Séparez du reste de la France l'un de nos départements, étendez un peu les proportions et les attributions de son conseil général, que le conseil élise le préfet, le conseil de préfecture, le tribunal du chef-lieu; que chaque conseil municipal élise son maire, que le tribunal du chef-lieu soit souverain, que le préfet commande la garde nationale et corresponde directement avec les maires ; que le conseil général dispose de tous les impôts levés sur les contribuables, vous aurez à peu près fait de ce département un canton Suisse, ou l'un des états de l'Amérique du Nord.

» Poussez plus loin l'hypothèse, opérez dans le même sens sur dix ou douze autres départements. Que ces nouveaux états, pour se soustraire au protectorat des puissances qui les environnent, pour veiller par eux-mêmes sur leur propre indépendance, sur leur propre sécurité, forment entre eux une association, un parti, un traité d'alliance ; qu'ils constituent une autorité fédérale à laquelle ils délèguent la direction de leurs rapports avec l'étranger, et la disposition de leurs forces défensives, selon la nature de l'autorité, selon l'étendue et le choix des attributions qui lui seront repartis, on comptera plus ou moins avec elle ; ce sera la république helvétique ou le congrès des Etats-Unis. »

L'unité française résiste à ce fédéralisme et d'un autre côté la France est trop vaste pour tenir dans les cadres d'une république unique et centralisée.

Le gouvernement républicain n'a pas même le mérite de faire cesser nos discordes. C'est au contraire celui qui nous divise le plus. Il y a en France plus de républiques distinctes que de prétendants monarchiques, et elles se détestent entre elles beaucoup plus que ceux-ci. Il y a la république de Gambetta, qui excommunie celle de M. Jules Favre, laquelle ne ressemble point à celle de M. Thiers. L'un va chercher son idéal, en 1791, l'autre en 1793, l'autre en 1848, celui-là dans les nuages, celui-ci dans l'enfer, et chacun se prétend seul dépositaire de la vérité.

Voilà pourquoi chez nous la république n'est pas possible même à titre provisoire. Elle aboutira toujours à l'anarchie ou au despotisme. Deux fois déjà elle a enfanté l'empire, comme un produit naturel venu bien à terme et sans effort. La Commune est son troisième enfant, légitime aussi, quoique désavoué.

III

A la royauté nous devons demander à son tour quels sont ses titres, ses principes, ses hommes, et quels fruits elle nous promet.

Ses titres sont toute notre histoire. Sans remonter plus haut que la dynastie capétienne, puisque c'est en face d'un rejeton de cette dynastie que nous sommes, nous trouvons neuf siècles non interrompus de combats, de travaux, de luttes de toute sorte, durant lesquels la monarchie est toujours étroitement unie à la France dans la bonne comme dans la mauvaise fortune. Que la France soit victorieuse ou vaincue, conquérante ou envahie, elle ne se sépare pas de ses rois. Elle combat avec Philippe Auguste pour achever la conquête de son territoire, avec saint Louis pour porter sa foi au delà des mers et laisser à jamais en Orient le renom de nation très-chrétienne, avec les premiers Valois pour défendre contre les Anglais son indépendance, avec Louis XI pour s'affranchir de la domination menaçante du royaume de Bourgogne, avec Henri IV et Louis XIII pour résister aux prétentions dangereuses alors de la Maison d'Autriche, avec Louis XIV pour s'unir par une même politique aux autres nations de race latine, aujourd'hui tant abaissées.

Le premier de ses princes lui apporte en présent l'Ilede-France et Paris, qui fut si longtemps sa gloire. Le dernier partant pour l'exil lui laisse l'Algérie, France nouvelle, qui pouvait devenir l'égale de la mère patrie, doubler sa richesse et s'appeler aussi la fille aînée de l'Eglise sur la terre africaine.

Entre ces deux limites extrêmes de la dynastie capétienne, quel règne n'est marqué par des accroissements de puissance et de gloire ?

Pour ne parler que des annexions et des conquêtes qui ont reconstitué la vieille terre de France et rétabli dans ses limites l'ancien empire des Gaules, quel roi passe sans ajouter une province à la monarchie, un fleuron à sa couronne ? Sans remonter au delà du monde moderne, François I acquiert le Bourbonnais, le Forez, le Beaujolais et la Marche ; Louis XII, la Bretagne ; Henri II, les Trois-Evêchés, Verdun, Toul et Metz aujourd'hui perdu ; Henri IV transmet à la France son royaume de Navarre, l'Armagnac et le Périgord, et de plus la Bresse et le Bugey ; Louis XIII conquiert le Roussillon ; Louis XIV la Flandre, la Franche-Comté et l'Alsace prise par les Allemands ; Louis XV gagne la Lorraine et achète la Corse. Le territoire de la France accru d'un tiers et la ligne de ses frontières fermée, voilà le fruit de trois siècles de monarchie. La France, trois fois envahie, démembrée et pour jamais ouverte, voilà le résultat d'un siècle de révolution.

Ce sol qu'ils ont conquis pied à pied, les rois l'ont cultivé, l'ont assaini, l'ont percé de routes et sillonné de canaux, qui naguère encore portaient le nom d'œuvres royales, donné par la reconnaissance des peuples. Ils ont aidé à la formation des villes, dotées par eux à leur berceau de franchises communales qui leur ont permis d'atteindre au degré de prospérité où elles sont aujourd'hui. Après en avoir fait la richesse, ils en ont fait la beauté, et le plus grand nombre d'entre elles portent encore dans leurs monuments la trace des munificences de la monarchie. L'Église les seconda, elle leur donna ses moines, les plus rudes pionniers de nos forêts incultes, et ses évêques, nos premiers instituteurs dans la science de l'administration et des lois. La race elle-même aussi vaillante à la peine qu'à la guerre travailla sans relâche, mais la monarchie eut la gloire de coordoner ces efforts divers, de les diriger vers un même but et d'en faire sortir l'unité française.

Non moins que le corps, l'âme de la France, c'est-à-dire, ses sciences, ses arts, sa langue, sa littérature, tout ce qui a fait sa gloire, son influence dans le monde, a été l'objet de leur sollicitude. Ils ont protégé sa foi au 13e siècle contre les hérésies du Midi, au 16e contre les hérésies du Nord ; ils lui ont conservé le don inestimable de l'unité religieuse, et ont constamment inscrit sur leur couronne comme leur plus beau titre le nom de rois très-chrétiens.

Le comte de Chambord peut donc avec une juste fierté dire que ses ancêtres ont fait la France et il peut ajouter qu'ils l'ont faite grande, vaillante, glorieuse et chrétienne.

Tant qu'ils ont présidé à ses destinées, elle n'a pas perdu un pouce de territoire. L'étranger a foulé son sol, il ne s'y est pas établi. Les hasards de la guerre lui ont enlevé des conquêtes que la guerre lui avait données quelques années auparavant. Ce qui faisait partie du corps de la patrie n'a pu en être arraché, et Louis XIV vaincu a déclaré fièrement qu'il périrait, lui et sa race, plutôt que de consentir au démembrement de la France. La dynastie a donc fidèlement veillé sur le dépôt qu'elle avait reçu, a vaillamment combattu pour le défendre, et quand la Révolution est venue le lui arracher des mains, il était intact. La Révolution le rend-elle comme elle l'a prise ?

Quand on réfléchit sur les besoins présents de la France et sur les vicissitudes de son histoire depuis un siècle, on sent la nécessité d'y rétablir un pouvoir fort, durable, et protégé contre les attaques de ses ennemis et contre l'inconstance de ses partisans. Il est temps de clore l'ère des révolutions ; elles nous abaissent et nous dépravent. Aucune d'elles ne nous a jamais apporté rien de bon : ni la paix qui en était le prétexte, ni la liberté qui devait en être le moyen. A peine étaient-elles accomplies que renaissait le désir du changement, si bien que nous avons fini par gagner une mobilité constitutionnelle, qui nous fait considérer en Europe comme ingouvernables.

Il faut donc accumuler en faveur du gouvernement que nous établirons toutes les garanties possibles de solidité et de durée.

Par là même sont exclus tous les gouvernements dont nous venons de faire une récente expérience. Trop connus de la France, sévèrement jugés par elle, ils ne peuvent pas lui présenter l'attrait d'un programme nouveau, et n'en obtiendraient qu'un attachement fatigué et dépourvu d'espérances.

Telle est la république, tel serait l'empire. Nous ne parlons ni des défenseurs fanatiques, ni des adversaires outrés, mais de la masse même de la nation. Celle-ci, se résignât-elle à faire l'essai d'une république nouvelle, ou d'un rétablissement de la dynastie bonapartiste, n'y croirait pas. Les souvenirs se presseraient en foule pour déconsidérer par avance le pouvoir qu'on lui imposerait et elle se regarderait comme condamnée à une expérience funeste. Ce sentiment est le pire de tous pour fonder un gouvernement. Il le laisse exposé à toutes sortes d'ennemis, et amène fatalement sa chute.

La monarchie légitime échappe à ces périls.

Quelles que soient les idées qu'on se forme sur la légitimité considérée comme principe de droit, il est certain qu'une dynastie qui a derrière elle une histoire de neuf siècles offre plus de garanties de stabilité qu'un pouvoir improvisé. Ses racines, plongeant dans le passé, y trouvent une fixité que le temps présent à lui seul ne peut pas donner. Le souvenir des fortes convictions et des solides attachements des pères raffermit l'âme des fils et les protége contre leur propre inconstance. D'ailleurs, dans cette longue communauté de vie entre un peuple et une dynastie se forment à la longue des liens de toute sorte qui finissent par en faire un corps indivisible, une unité morale qui survit aux révolutions. Ces liens peuvent se briser; mais il reste des affinités naturelles, qui portent toujours l'une vers l'autre ces parties séparées d'un même tout, et l'ancienne alliance peut se reformer plus solide qu'auparavant.

Le prince qui représente la monarchie est un homme entièrement nouveau. Il n'a point d'histoire. Trouvant en France la première place occupée, dédaignant les autres, voulant entrer en roi et non pas en aventurier, il a patiemment attendu que la route royale fût libre, et jusque là il s'est soigneusement tenu en dehors de la vie politique. Il n'a ni écrit, ni parlé, ni conspiré, ni témoigné d'impatience, ni fait aucun acte auquel la calomnie ou la haine puissent accrocher leurs critiques. Tout ce que l'on connaît de lui, ce sont des lettres privées, des conversations intimes, et ces échappées sur sa vie le montrent observateur attentif des événements qui se passaient en France. Vivant à sa porte, suivant son histoire jour par jour, témoin anxieux de ses révolutions et de ses malheurs, forcé d'assister à toutes les expériences qu'elle a faites pour retrouver le repos, il sait ce qu'elle est, ce qu'elle veut, ce qui lui est nécessaire, ce dont elle est capable. Il connaît ses ressources et ses hommes. Aussi ses lettres nous le montrent dépourvu de préjugés et profondément pénétré des besoins du temps présent. Il est résolu à faire appel à tous et nous dit de lui-même, « qu'il n'est point un parti, qu'il ne veut pas régner par un parti, qu'il n'a point d'injure à venger, d'ennemi à écarter, de fortune à refaire, sauf celle de la France, et qu'il peut choisir partout les ouvriers qui voudront loyalement s'associer à ce grand ouvrage. »

Bien plus, il ne se présente pas seul. C'est « à la tête de toute la maison de France, qu'il veut présider aux destinées du pays. » La première parole de sa dernière lettre est une prière à tous d'oublier les dissensions, les préjugés et les rancunes du passé. En ce moment solennel, ce loyal appel à la concorde a été entendu. Il répondait au sentiment commun et l'union désirée était déjà faite; des adversaires qu'on croyait irréconciliable mettent de côté leurs dissentiments pour se fondre et dans la France divisée ap paraît tout à coup une grande force nationale devant laquelle les partis réduits à l'impuissance doivent s'incliner.

Il n'y a plus qu'un malentendu à dissiper. Les hommes du temps présent sont très-jaloux de leurs idées. Ils ont toujours peur qu'on ne les comprenne pas, et qu'un gouvernement qui aurait un passé ne se considère comme lié par ses traditions et ne rétablisse les anciens principes. Ils ne veulent pas être traités comme leurs pères, auxquels ils ont fort à cœur de ne point ressembler. C'est la grosse objection qu'on élève, en ce moment, contre la maison de Bourbon. Elle ne sera, dit-on, qu'un gouvernement d'ancien régime, et reviendra avec les institutions du moyen-âge, les doctrines de Louis XIV ou de saint Louis.

Cette objection, en réalité, très-répandue, mérite qu'on s'y arrête, d'autant plus qu'elle ne résiste pas à la discussion. Est-ce qu'un chêne, parce qu'il a vécu longtemps et enfoncé ses racines dans des rochers séculaires, se couvre chaque année, pour cette raison, de feuilles mortes et de branches séchées? Est-ce qu'il ne porte pas dans ses veines une séve vivante qui produit, chaque année, une germination nouvelle, fleurs et fruits de la saison? Est-ce que la vieille dynastie capétienne n'était point ainsi? Est-ce que Louis XIV a gouverné comme Henri IV, et celui-ci comme saint Louis?

Pourquoi faire au comte de Chambord l'injure gratuite de supposer que parce qu'il compte une longue suite d'aïeux il est l'un d'eux, et qu'il n'a ainsi que les idées du temps passé. Il n'est pas né plus vieux qu'aucun de ses contemporains. Ceux-ci ont des aïeux aussi, apparemment, ce qui ne les empêche pas d'être eux-mêmes, d'avoir leurs idées propres, d'être de leur temps et de leur pays. Il est comme eux; sans doute, les traditions de sa race pèseront d'un poids considérable dans ses déterminations; mais une de ces traditions les plus glorieuses sera justement de se préoccuper toujours des besoins présents de la

France, et de s'appliquer à les satisfaire autant qu'il lui sera possible.

D'ailleurs la peur excessive que nous avons du passé nous y plonge beaucoup plus avant que nous croyons. Tant d'imagination et de science qu'ait la génération présente, elle n'a point tout inventé. Beaucoup d'idées nouvelles, qu'elle croit avoir, sont des idées retrouvées dont elle a oublié la source. Depuis un demi-siècle, la peur qu'elle a du moyen-âge, l'a jetée d'un bond dans l'antiquité, en plein césarisme. Elle n'a point voulu d'une société chrétienne, parce que cette société avait été celle de ses pères, et elle a pris pour idéal la société païenne qui avait été celle de ses maîtres, et durant laquelle ses arrière-grands-pères étaient enchaînés, battus, crucifiés comme esclaves ou comme chrétiens. C'est une folie aussi grande de vouloir tout détruire que de vouloir tout rétablir. Les institutions qui ont abrité la paix, la liberté, l'honneur de nos pères, ne peuvent pas être mauvaises. Il faut seulement les accommoder aux besoins du temps présent ; et si, par une réaction naturelle, nous nous jetons beaucoup au delà, elles valent mieux pour nous que celles que nous leur aurons substituées.

Si la monarchie héréditaire de la maison de Bourbon est le plus fort des gouvernements que nous puissions avoir, c'est celui sous lequel nous serons le plus libres.

Aucun des gouvernements dont nous avons fait l'essai ne nous a donné la liberté, la république, pas plus que l'empire. Aucun d'eux ne pouvait nous la donner. Mal assis, préocupés de se défendre, ils gardaient d'un œil jaloux tout ce qui pouvait devenir un moyen d'attaque entre les mains de leurs adversaires. Le gouvernement arbitraire et la centralisation administrative étaient pour eux des instruments de règne, des nécessités de salut. Ils tenaient la France sous le réseau de leurs fonctionnaires qui comprimaient avec soin tout essor de vie indépendante, craignant que ce qui n'émanerait pas du pouvoir fût contre lui.

Le jour où la France lassée des expériences reviendra à un régime définitif, où la Révolution sera close par un prince qui se déclarera hautement son ennemi et son maître, le principe du gouvernement sera soustrait à la discussion, alors il n'y aura plus de parti, mais seulement la France d'un côté et de l'autre des perturbateurs qu'il sera facile de réduire.

Alors la liberté sera possible. Délivrés des soucis perpétuels que la Révolution nous cause, nous pourrons nous appliquer sans distraction au soin de nos propres affaires, et les carrières privées devenant plus fécondes débarrasseront la vie politique des activités turbulentes qui s'y jetaient faute d'emploi. La stabilité du pouvoir détruira beaucoup d'ambitions dans leur germe. On préférera les fruits sûrs du travail aux hasards des révolutions devenues improbables. Nous acquerrons ainsi la force, la patience, la fermeté, le calme, la prudence, le respect de la loi, toutes ces vertus que pratiquent les Anglais nos voisins, ce qui prouve qu'elles ne sont pas d'essence républicaine. Nous reporterons dans la vie publique des qualités apprises au foyer et le gouvernement du pays pourra être remis sans danger à des hommes qui auront ainsi montré leur expérience dans la direction de leurs propres affaires. Ce sera l'apprentissage de la liberté.

La décentralisation suivra. Coordonnées par le pouvoir central, toutes les activités locales pourront être encouragées sans crainte qu'elles arrivent à diviser la patrie. La fédération communale, qui renferme une idée juste sera ramenée à une application utile. A Paris elle n'a produit que des fruits hideux et sanglants. C'est que la Révolution comme la Harpie de la Fable corrompt tout ce qu'elle touche. Dans la France ordonnée les départements, les villes, les campagnes pourront s'administrer eux-mêmes, suivant leurs désirs et leurs besoins, et toutes ces forces diverses concourront à la prospérité générale. Le moyen âge tant décrié par ceux qui l'ignorent a connu des libertés que nous avons désapprises. La plupart des questions qui intéressent l'homme, le père de famille, le citoyen se décidaient à la Commune; chacun exerçait sur leur solution une influence plus grande qu'un député aujourd'hui. C'était donc une large participation à la vie publique, une liberté sans apparât, mais véritablement féconde.

De ce qu'un homme compte tous les cinq ans pour un trente millième dans la nomination d'un autre homme qui compte lui-même pour un cinq-centième dans une Assemblée législative, quelle part le premier exerce-t-il dans la confection des lois? Est-ce que ce pouvoir imperceptible en soi, puis noyé dans une urne électorale, puis délégué d'une personne à l'autre, puis suspendu pendant cinq ans, est effectif? C'est se moquer des gens de leur dire qu'avec cela ils se gouvernent eux-mêmes, quand ils savent pertinemment le contraire, et qu'on leur fait faire toutes sortes de choses qu'ils désapprouvent. Paix, guerres, cessions de provinces, lois, contributions, tout leur est imposé, et il n'est pas étonnant qu'ils se plaisent à culbuter le gouvernement hypocrite qui leur donne des formules sous le nom de liberté. Cependant le suffrage universel ne peut rien produire autre chose.

L'incendie de Paris éclaire d'une nouvelle et sinistre lumière la situation de notre malheureux pays. Et encore les effroyables crimes que nous avons vus ne constituaient qu'une partie du plan infernal qui avait été conçu. Paris devait être anéanti. Les mines étaient prêtes, les mèches allumées, les exécuteurs à leur poste. A Marseille, à Lyon, à Bordeaux, à Versailles, les mêmes forfaits devaient s'accomplir. Toutes nos grandes villes étaient vouées à la ruine. La France entière, après avoir été déshonorée par une immense orgie mêlée de sang, devait s'abîmer dans les flammes. Tel devait être le dernier acte de la Commune, qui était elle-même le dernier fruit de la révolution.

Des hasards, comme la Providence en a toujours à son service, ont empêché l'exécution complète de ces horribles desseins. La vaillance de nos soldats a triomphé des formidables obstacles dont la Commune s'était entourée, et ils ne lui ont pas laissé le temps d'achever son œuvre. Mais la France a pu entrevoir la profondeur du gouffre au fond duquel elle roulait. Elle s'arrête ; ce n'est point assez, elle veut remonter la pente qui conduit aux abîmes, et sortir définitivement des voies révolutionnaires pour redevenir chrétienne. Révolutionnaire ou catholique, il n'y a pas de milieu. Entre ces deux termes extrêmes il n'y a que des haltes d'un moment.

Mais la Commune entière n'a point péri. Les 40,000 soldats qu'on lui a pris ou tués ne constituaient pas toute son armée : cela n'eût pas suffi pour tenir la France en échec. A travers les mailles du filet jeté sur Paris pour prendre les coupables, les femmes ont passé, plus haineuses et plus sanguinaires que les hommes eux-mêmes, quoique ne mettant pas toujours directement la main au crime; les enfants ont passé, non coupables encore, mais déjà pénétrés des doctrines de leurs pères, et se croyant appelés à continuer leur œuvre. Bien plus, des chefs importants se sont échappés, et, la paix faite, vont ramasser les fils brisés de leurs traditions, les renouer, et ourdir de nouveau dans l'ombre leurs trames sataniques. La Commune, à l'heure présente, trouve, à l'étranger et chez nous, des apologistes; des journaux commencent à l'excuser et même à la défendre. Ce qui prouve combien, à côté de ses soldats enregimentés, elle avait gardé encore de complices inconnus qui demeurent à son service. Enfin, les doctrines subsistent, elles vont continuer de se répandre, elles trouveront des âmes déjà atteintes, et dans lesquelles elles germeront aisément. Ainsi la révolution reformera peu à peu ses bataillons. Dans vingt ans, elle sera en mesure de livrer un nouveau combat.

L'Eglise seule peut nous sauver. Plus vaste que la Révolution, puisqu'elle embrasse le monde, plus ancienne qu'elle, assurée d'une durée plus longue, pénétrant plus profondément dans les cœurs, sachant faire jaillir des consciences les plus gangrenées l'éclair du repentir, qui tue le vice et guérit l'homme, disputant ainsi les âmes à sa rivale, ayant comme elle le glaive de la parole, pouvant aussi se propager comme la flamme et incendier les foules du feu de la charité, comptant d'innombrables soldats, qui ne craignent rien que de lui déplaire, et ne désirent rien que de la servir, ayant la puissance d'une chose absolue, la conviction d'une autorité infaillible, la persévérance d'une institution éternelle, elle luttera et elle vaincra, et elle seule peut vaincre.

Sachons seulement, nous, la France, unir notre cause à la sienne, ne bannissons point ses enseignements de nos lois, ne sortons point de son empire qui est celui de la lumière, et ne traitons point en étrangère cette grande institutrice des peuples, dont notre nation est spécialement la fille.

Si elle a besoin d'appui, volons à son secours. Notre épée se trempera à son service et gagnera une bénédiction qui la rendra invincible. Notre drapeau déployé autour de sa tête lumineuse, participera à son éclat. L'appui que nous lui donnerons n'est que le prix des services que nous en avons reçus, quand nous étions encore une nation naissante, bégayante et chancelante, entourée d'ennemis. Et d'ailleurs si elle nous appelle, c'est encore un dernier bienfait. Dieu n'a pas besoin des hommes puisqu'il a des armées d'anges, et quand il charge un peuple d'une mission, c'est pour donner à ce peuple une raison de subsister.

Avec la monarchie seule nous aurons une France chrétienne. La dynastie d'Hugues Capet avait toujours été catholique. Pourtant elle avait commis une faute grave qui ne fut pas sans influence sur ses malheurs. Elle avait oscillé entre deux traditions contraires, celle de Charlemagne et celle de Philippe-le-Bel, la tradition catholique qui l'unissait étroitement au Saint-Siége, et la tradition gallicane qui pouvait la conduire au schisme. Les destinées de Philippe-le-Bel auraient dû lui servir d'avertissement. La famille de ce roi persécuteur de la papauté avait payé pour lui, et la branche royale à laquelle il appartenait avait séché dans la personne de ses petits-fils. Louis XIV et Louis XV ne profitèrent point de ce redoutable exemple. Qui osera dire que les articles de 1682 et la destruction des Jésuites n'ont été pour rien dans les événements qui précipitèrent la maison de Bourbon de tous les trônes qu'elle occupait en Europe.

Henri V a rompu ce charme maudit. Quand il a pris la parole, pour attester sa soumission profonde au chef de l'Eglise, son union étroite avec Rome, il a répudié du même coup les principes révolutionnaires qui bannissaient la religion de la politique, et les principes gallicans qui l'y maintenaient dans une position inférieure et subordonnée. Il est le premier prince qui depuis de longues années ait parlé à la France un langage vraiment chrétien, rappelé les droits de Dieu et tracé nettement nos devoirs vis-à-vis du Saint-Siége. Il ne faut chercher rien de semblable dans la parole des hommes du 4 septembre. Même durant les dernières années de l'empire on n'avait pas vu sans tristesse l'abaissement successif du sentiment religieux dans les harangues impériales. La pensée de Dieu toujours voilée pour ne point choquer les regards moqueurs de l'impiété avait fini par disparaître. Les paroles de sympathie données au Saint-Siége, toujours équilibrées par les marques d'une bienveillance égale données à ses adversaires, avaient aussi été oubliées. Lors de la dernière guerre, la France fut menée au combat aux accents d'un chant révolutionnaire et impie. Un seul souverain osa ouvertement appeler sur son armée la bénédiction divine. Mais ce souverain était le roi Guillaume, prince protestant et notre ennemi. Pour nous, l'impiété nous avait gagnés tout entiers, tête et corps, et avait fait de nous une nation sans âme.

Après ce long sommeil de la foi, la parole chrétienne du comte de Chambord, retentissant tout-à-coup, a semblé un signe de vie nouvelle.

C'est la France catholique qui reparaît : la France

baptisée de Clovis, la France couronnée de Charlemagne, la France croisée de saint Louis, la France ressuscitée de Jeanne-d'Arc, se relevant de ses malheurs et pouvant redevenir puissante et prospère.

On a tout essayé. En 80 ans, nous avons parcouru tout le cycle des expériences constitutionnelles et dynastiques, et mis en œuvre cinquante constitutions diverses. Les catholiques se sont loyalement prêtés à ces essais. Défendant toujours leur liberté, le plus souvent trahis, opprimés, persécutés, ils n'ont jamais fait d'opposition irréconciliable. Ils sont en droit de réclamer, aujourd'hui, qu'on revienne à ces principes chrétiens, sous le régime desquels la France était heureuse. De tous les princes qui aspirent à la gouverner, Henri V est le seul qui ait ouvertement promis de les appliquer, et le seul dont on ne puisse mettre la parole en doute, parce qu'il n'y a jamais manqué et qu'il est d'une race où l'on ne viole pas ses serments.

Versailles. — Imprim. BEAU, rue de l'Orangerie, 36.

www.ingramcontent.com/pod-product-compliance
Lightning Source LLC
LaVergne TN
LVHW010108230826
846091LV00005B/2152
* 9 7 8 2 0 1 1 7 7 4 4 8 4 *